PAUL FLANDIN.

« Mon Dieu ! accordez-moi vos
lumières, afin d'en user pour votre
gloire.... Si je dois en abuser
pour vous offenser, faites-moi mourir !.... (27 mai 1875). »

NIMES

IMPRIMERIE P. LAFARE

Place de la Couronne

1876

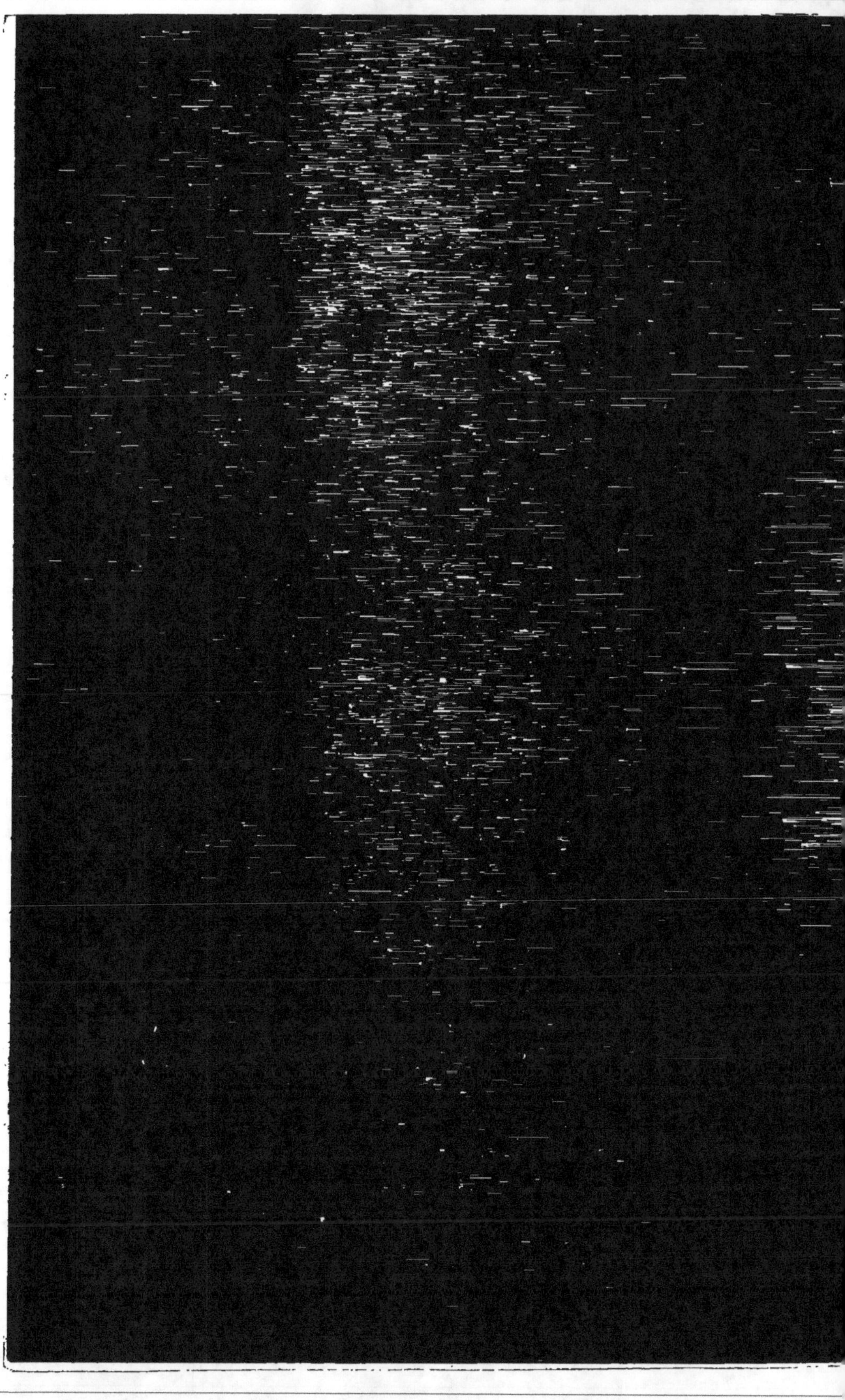

PAUL

FLANDIN.

« Mon Dieu ! accordez-moi vos lumières, afin d'en user pour votre gloire..... Si je dois en abuser pour vous offenser, faites-moi mourir !..... (27 mai 1875). »

NIMES

DE L'IMPRIMERIE P. LAFARE
place de la Couronne.

—

1875

$$\dagger$$

ADVENIAT REGNUM TUUM.

PAUL FLANDIN.

« Mon Dieu ! accordez-moi
vos lumières, afin d'en user
pour votre gloire..... Si je
dois en abuser pour vous
offenser , faites-moi mou-
rir !..... (27 mai 1875). »

Encore un nouveau deuil pour l'Assomption !
Un de ses fils les plus aimés lui est enlevé. Paul
Flandin, entré à l'Assomption, en 1865, a suc-
combé le 5 juillet, emporté par une fièvre ty-
phoïde , à Paris, où il préparait son second
examen de droit. Il avait à peine vingt ans.

On lira plus loin les traits édifiants des derniers jours et de la dernière heure (1). Nous

(1) Voir plus loin, page 16, les lettres édifiantes d'un
ancien maître et d'un ancien élève, le R. P. Germer et
M. Gaston Barnouin, qui l'ont assisté dans ses derniers
moments.

voulons seulement révéler ici le secret des grâces extraordinaires qui ont entouré sa mort.

Paul Flandin terminait sa philosophie en 1873, et, grâce à une application énergique et constante, grâce aussi à un jugement sûr, obtenait dans cette même année, douloureusement interrompue par la mort de son père, ses deux diplômes de bachelier ès-lettres et de bachelier ès-sciences.

D'une famille aussi profondément chrétienne que fortement unie, et dès longtemps connue pour son dévouement à Dieu et au Roi, petit-fils d'Alphonse Boyer, l'éminent avocat, et neveu de M. Ferdinand Boyer, député, Paul avait su gagner l'estime et l'affection de tous ses camarades et de tous ses maîtres ; il gardait lui-même pour l'Assomption l'attachement le plus vif et le plus sincère.

Dieu, qui connaissait bien son âme, la rappela de bonne heure, parce qu'elle renfermait des trésors de *droiture*, de *générosité* et de *piété filiale*.

— L'âme de Paul n'était pas une âme vulgaire. Elle était distinguée, parce qu'elle était

droite et loyale. Elle avait le culte de la sincé-
rité ; elle en avait soif. Les masques, les dissi-
mulations lui répugnaient à ce point qu'il était
comme effrayé de jouir d'une réputation de
vertu qu'il n'aurait pas méritée.

Cette droiture était poussée jusqu'au scrupule : par crainte de se faire trop estimer, et
non par respect humain, il se livrait, dans le
secret de sa chambre d'étudiant, à des actes de
piété dont ne se doutaient guère, ni sa famille,
ni ses amis.

Loyal avec sa conscience, les assauts mul-
tipliés des passions ne découragèrent jamais
son obstination dans la lutte. Il n'admettait
pas, comme quelques-uns, que la servitude
du péché fût un joug nécessaire à subir,
même pour un temps. Il la détestait ; il ne
cessait pas de la trouver ignoble et honteuse ;
plus cette servitude était menaçante, plus il
s'attristait. De là, des troubles et des abatte-
ments ; un besoin d'aveux et de remords où
se trahissait une âme plus effrayée que cou-
pable. Paul ne se résignait pas à la défaite ;
ceux qui l'ont vraiment connu, ne me démenti-
ront pas : il n'aurait jamais pu pactiser froide-

ment et longtemps avec le mal. Il ne savait pas s'habituer à se jouer de sa conscience (1).

Il exigeait, dans les idées et les convictions, la même droiture que dans les sentiments. C'était pour lui une énigme et une souffrance d'entendre parler, dans l'Eglise catholique, de gallicans, de libéraux, d'ultramontains : *Quand Dieu a parlé,* me disait-il souvent, *quand le Pape et l'Eglise ont donné le sens de la parole divine, comment peut-il y avoir des hommes éminents, même des prêtres et des évêques, qui restent libéraux ou gallicans ?*

Et son intelligence naturellement chrétienne, torturée par le spectacle de ces divergences, interrogeait, cherchait des explications. La mauvaise foi ou l'erreur lui répugnaient autant que l'hypocrisie ou le mensonge.

Doué d'une riche nature, facilement séduit par le zèle, par une parole brillante ou par des actions d'éclat, il ne pouvait se résoudre à ne pas admirer d'illustres orateurs ou d'illustres écrivains ; et tout ensemble, il lui répugnait

(1) *Nos quoque conscientiam nostram ludimus.* (Tertull.).

de les admirer, quand leur doctrine n'était pas irréprochable. A quels combats intérieurs cette noble souffrance ne m'a-t-elle pas fait assister pendant les dernières années de ce cher enfant !

Sa mort fut la digne récompense de ces combats. Il voulait le bien et la vérité sincèrement, il les voulait sans altération et sans mélange. Dieu vint à lui avec une plénitude exceptionnelle de lumière et de grâce. Il avait souffert les angoisses du scrupule ; le péché, le doute et l'erreur avaient inspiré à son âme des tristesses mortelles ; nul ne saurait exprimer le calme, la sérénité, la paix douce, lumineuse et confiante de ses dernières pensées et de ses dernières prières. Il n'éprouvait plus qu'un embarras et qu'une crainte : *Comment,* disait-il, *serai-je assez reconnaissant envers Dieu d'une grâce aussi inattendue ?*

— Nature droite avec Dieu et sa conscience, c'était encore une nature généreuse, désintéressée jusqu'à la délicatesse, bonne et empressée jusqu'aux attentions les plus exquises. Dès lors, faut-il s'étonner des fortes sympathies qu'il suscitait? Ses anciens condiciples, ses amis n'avaient pas pour lui une estime ordinaire. Tous ceux qui le connaissaient bien, l'aimaient beaucoup.

Aussi a-t-il mérité d'être entouré, dès le commencement de sa maladie, d'anciens élèves de l'Assomption dignes de lui. Le docteur Louis Ménard et M. Gaston Barnouin ont été plus que des amis : ils ont été pour Paul de véritables frères (1). Ils l'ont transporté chez eux, ils lui ont consacré et leurs nuits et leurs jours, l'ont veillé à tour de rôle et soigné comme un proche parent; la vie de Paul ne leur semblait pas moins chère que la leur. Cette noble conduite honore les anciens élèves, elle honore l'Assomption.

Il y a plus : l'union des anciens élèves de l'Assomption ne consiste pas seulement dans ce que Bossuet appelait *une vertu de commerce* (2), dans un échange de services où chacun est intéressé, et celui qui donne, et celui qui reçoit. Elle est chrétienne, et par delà

(1) *Frater qui adjuvatur a fratre, quasi civitas firma* (Prov. XVIII, 19).
(2) Bossuet, *sermon sur l'Humilité.*

le corps et le temps, elle s'occupe de l'âme et des biens éternels.

Honneur aux anciens condisciples de Paul pour leur saint empressement à lui faire prodiguer, et, ce qui est plus rare, à lui prodiguer eux-mêmes, avec un zèle affectueux, les consolations de la foi ! Scènes touchantes, où Paul exhortait ses anciens camarades à la ferveur, et où ceux-ci, agenouillés à son chevet, ou l'embrassant les larmes aux yeux, le suppliaient de ne pas les oublier là-haut ! Ah ! l'union qui peut prendre, entre d'anciens camarades, de tels caractères, ne repose pas sur une *vertu de commerce !* Elle a ses racines dans la foi, et elle est plus forte que le malheur, plus forte que la mort.

D'ailleurs c'est une loi des anciens élèves de l'Assomption, de souffrir tous, quand l'un d'entre eux n'est pas fidèle à son baptême ; d'être tous fiers et de se réjouir, quand l'un d'entre eux se distingue par sa foi et sa vertu. Ils sont unis, avant tout, au nom de cette amitié chrétienne qui a plus souci de l'honneur, de la conscience ou de la foi, que du succès, de l'intérêt ou du talent.

Paul n'oubliera pas ceux qui , désespérant de le guérir, l'ont du moins *sauvé*, en étant auprès de lui de si dignes instruments de la grâce de Dieu ; il n'oubliera pas cette *Association des anciens Elèves* qu'il admirait, qu'il aimait, à laquelle il se faisait gloire d'appartenir, et qui s'est trouvée si largement représentée à ses funérailles.

— Le secret d'une fin si chrétienne, je le trouve encore dans un bienfait, commun sans doute à tous les élèves de l'Assomption, mais qui n'en est pas moins précieux; j'ajouterai que Dieu l'avait accordé à Paul en surabondance, et que Paul avait su le comprendre et le sentir dans une large mesure.

Ce bienfait, c'est une mère d'une foi et d'une piété admirables. Qu'elle nous pardonne ces paroles peut-être indiscrètes : il fallait bien les dire pour faire mieux ressortir une qualité de Paul, qui nous donne la clef de beaucoup de grâces.

Paul avait un véritable culte pour l'esprit de famille ; le séjour de Paris lui paraissait insupportable, parce qu'il l'en privait. Paris sans sa mère, Paris sans ses frères, c'était le désert et l'isolement.

Après la voix de Dieu, nulle voix n'était plus sacrée pour lui que celle de sa mère ; il avait au cœur, pour elle, un amour filial véritable, un amour filial chrétien : si on la lui rappelait, son âme était aussitôt saisie d'une piété religieuse et d'une vénération profonde pour tous ses désirs.

Ah ! que cette pieuse mère l'apprenne ici pour sa consolation : ses prières et ses larmes ont exercé un empire souverain sur son Paul bien-aimé.—*Ma torture, en face d'une faute grave*, me disait-il, *serait d'être obligé de tout avouer à ma mère, car je ne pourrais rien lui cacher, et avec sa foi, elle en mourrait !* — C'était ainsi que l'amour du fils, placé en face de la sainteté de la mère, pouvait seul imposer des digues victorieuses aux impétuosités d'une nature ardente.

Celle qui avait dominé la vie de son fils par l'ascendant surnaturel de sa vertu, méritait d'imprimer aussi à la mort de ce fils le cachet de sa piété. Et Paul avait, de son côté, acquis des droits aux consolations de sa mère, dans ce terrible moment ; il méritait d'avoir la joie, en mourant dans ses bras, de songer qu'une fin si chrétienne aiderait la foi de sa mère à attendre, avec plus de résignation, le moment de la réunion définitive.

— Gaston Barnouin venait de réciter le chapelet. Au dernier *Gloria Patri*, l'âme de Paul retournait à Dieu.

Trois jours après, son corps arrivait à Nimes et devait attendre en gare l'heure du service funèbre ; l'Assomption fut heureuse de pouvoir, à la place de la gare, offrir sa Chapelle, pour garder encore quelques heures la dépouille d'un de ses plus chers enfants.

Qui ne verrait, dans cette circonstance imprévue, une nouvelle récompense ménagée par Dieu au jeune étudiant si profondément attaché à ses maîtres ? D'ailleurs, comme Bérard, son condisciple de classe, avait offert sa vie pour les œuvres de l'Assomption un an auparavant, Paul offrit la sienne à Dieu pour les idées de l'Assomption, en disant dans son agonie : *Il faut bien offrir à Dieu mes*

souffrances pour la France, et pour tous
ceux qui ne veulent ni expier, ni souffrir.
Le sacrifice et le désintéressement, voilà bien
les idées dominantes de son éducation.

« Oui, son âme a dû tressaillir tandis que son
corps rentrait, pour les dernières prières, au
milieu de ces cours de récréation, dans cette
Chapelle témoin des grandes émotions religieu-
ses de sa vie, près de ces bancs sur lesquels il
s'était enthousiasmé pour les saintes idées qui
l'ont aidé à si bien mourir, au pied de cet autel dont il s'était si souvent approché pour
recevoir la Sainte Eucharistie. Il était de ceux
qui aimaient à venir, de temps à autre, passer
de longs instants devant le Saint-Sacrement ; il
aimait profondément l'Eucharistie ; il la fré-
quentait, et je puis affirmer que sans les scrupules de son amour, timide à force de respect,
il l'eût fréquentée davantage. Du fond du
tabernacle, Notre-Seigneur se sera souvenu
de ses communions ferventes, comme l'Assomption se souvenait de son attachement
pour elle, et répandait sur son cercueil des
prières avec les mérites du sang de Jésus-
Christ.

Le lendemain de la mort, Madame Flandin arrivait à Nimes. En descendant de voiture, elle dit : *Où sont mes enfants ?* — Pierre et Joseph, frères de Paul, arrivent tout en pleurs. — *Ne pleurez pas,* s'écrie-t-elle avec un courage héroïque, *ne pleurez pas, mes enfants : Paul est bienheureux !*

C'est le cri de l'amour maternel, souriant à travers ses larmes au bonheur de l'enfant qui lui est ravi ; ou plutôt, c'est le cri de la foi, discernant, parmi les maux apparents, le bien suprême et véritable.

— L'Assomption, qui a quelque droit de se considérer comme la mère des âmes de ses élèves *qu'elle engendre et forme à la vie chrétienne* (1) se rappelle, en face de ce nouveau cercueil, une page admirable de l'Ecriture.

La mère des Machabées vient d'assister ses enfants dans leur dernier supplice et de les exhorter à la mort. Elle se retourne vers le plus jeune qui survit, et, l'excitant à imiter

(1) *Nam in Christo Jesu per Evangelium ego vos genui.* I. (Cor. c. 4, v. 7.)

ses frères, lui dit : *Peto, nate, ut aspicias ad Cœlum ; mon fils, je t'en conjure, regarde le Ciel ; — sois digne de tes frères, et va les rejoindre : dignus fratribus tuis effectus particeps !* (1)

L'Assomption a, depuis deux ans, assisté dans leur agonie plusieurs de ses enfants, la plupart morts entre les bras de ses religieux ; comme cette mère des Machabées, elle a connu l'amer déchirement des séparations , mais comme elle, elle peut être fière des admirables sentiments dans lesquels ils se sont tous éteints. Comme cette femme incomparable, *supra modum mirabilis mater,* elle peut dire à ceux qui survivent :

« *Peto, nate, ut aspicias ad cœlum !* Mes fils, voyez au ciel cette génération d'âmes d'élite qui vous appelle et vous attire ! Pour les rejoindre, je vous en conjure, suivez la voie qu'ont suivie vos frères bien-aimés !

» *Dignus fratribus.....* Soyez dignes d'Augustin Cavalier, de sa délicatesse et de sa simplicité ; dignes de Léon Bérard, de son

____

(1) Machab. l. ii c. 7. v. 18.

amour des âmes auxquelles il s'est immolé; *dignus fratribus*... dignes de Maurice de Giry, de son amour de l'Eglise dont il a été le martyr, sur les remparts de Rome ; dignes d'Albert Rouvière, de son âme si grande et si humble, de son amour pour la France à laquelle il a donné sa vie ; *dignus fratribus*..... dignes du jeune Tassini, de sa douceur et de son amour pour la sainte Vierge dont le nom pouvait être surpris sur ses lèvres avec son dernier soupir ; dignes de Joseph Mathon, de ses ardeurs pour l'Eucharistie qu'il redemandait sans cesse en pleurant pendant son agonie; dignes de Paul Flandin, de son culte pour la vérité et de sa piété filiale.

» Et si nous remontions le cours des années, en remontant la liste édifiante et glorieuse de votre Nécrologe, ah ! je vous le demande, fils bien-aimés, élèves anciens et nouveaux, que de souvenirs précieux vous rappelleraient la piété si délicate et si distinguée de Félix Hedde, les années de sacerdoce si courtes et si pleines de Léon Conte ou de Paul Favatier, l'angélique pureté de Charles Barnouin, la charité de Louis de Sentménat, la foi de Marc d'Entraigues, et toutes les vertus de cette longue famille de saints, vos condisciples !

» En vérité , vous pouvez dire : *Fratres sanctorum sumus : Nous sommes les frères des saints* (1). Ils sont votre gloire ; mais cette gloire vous oblige. Restez, comme eux, fidèles à la vertu spéciale vers laquelle la grâce vous sollicite, et comme eux, — c'est là tout le désir de l'Assomption, votre mère , — vous serez bienheureux : *Dignus fratribus tuis effectus particeps !* »

Nimes, le 8 juillet.   E. BAILLY,
des Augustins de l'Assomption.

(1) *Filii sanctorum sumus* (Tobie).

Bien cher Père,

Je reçois, à l'instant, la nouvelle de la mort de Paul Flandin, et je m'empresse de vous donner quelques détails sur les derniers jours de ce cher enfant. Ce sera pour son frère, et pour tous ceux qui l'ont connu et aimé, une consolation de savoir dans quelles admirables dispositions il a quitté cette terre.

La vie que Paul menait à Paris était une vie sérieusement chrétienne. Il allait souvent à la messe dans la semaine, et ne manquait jamais, avant ou après, de s'arrêter à l'autel de Saint-Joseph pour y faire une prière spéciale. Je tiens ces détails d'un prêtre habitué de Saint-Sulpice, qui le connaissait, M. l'abbé Cazenave. Dans les premiers jours de sa maladie, pendant qu'il était encore à l'hôtel Belzunce, les personnes qui sont allées le voir l'ont trouvé récitant son chapelet devant son crucifix.

Louis Ménard, voyant la gravité du mal l'a décidé à venir chez lui, dans un petit hôtel où il demeure avec Gaston Barnouin, et tout deux l'ont soigné avec un dévouement qui a fait l'admiration de tous, ne le quittant ni jour, ni nuit ; et si la maladie n'a pu être arrêtée, on peut bien dire que c'était la volonté de Dieu, car peu de malades ont été traités avec autant d'intelligence et autant de cœur.

Les soins de l'âme ont été aussi complets que les soins du corps. M. l'abbé Ferrand de Missols venait voir Paul tous les jours. Il l'a confessé une première fois le

15 juin, pour la fête de la Consécration au Sacré-Cœur, et le 28, pour la fête de S. Pierre et S. Paul.

Pendant les premiers jours, ce pauvre enfant était en proie à une grande exaltation ; l'idée de la mort et la crainte de l'enfer le préoccupaient vivement. Il n'était pas en danger immédiat à ce moment, mais il avait le pressentiment de sa fin prochaine.

Cet état a duré jusqu'à l'arrivée de Madame Flandin. A partir de ce moment, le délire a disparu, et nous avons eu un moment la confiance que le mieux s'accentuerait. Cependant la fièvre ne le quittait pas et des symptômes de plus en plus graves se manifestaient. Mais la paix de l'âme était complète. Quand je suis allé lui dire un mot, le jour de la Visitation, il était déjà bien affaibli, mais il conservait toute la lucidité de son esprit. Il m'a demandé des nouvelles de tous les Pères de la maison, les nommant successivement, sans oublier le Fr. Victor. A huit heures du soir, comme son état s'aggravait, Gaston est venu m'appeler pour lui donner les Sacrements. Nous étions à ce moment en réunion du Conseil des pèlerinages, et il me fut impossible d'y aller moi-même. Le P. François s'y rendit aussitôt. Paul ne fut point effrayé : il se réjouissait de célébrer par la communion la fête de la Vierge et l'Octave de S. Paul, son patron. Il a reçu la Ste-Eucharistie et l'Extrême-Onction avec une grande paix et une connaissance complète, répondant lui-même aux prières et présentant ses mains pour les onctions.

Son action de grâces a duré en quelque sorte toute la nuit. Il énumérait au P. François toutes les grâces que le Bon Dieu lui avait faites depuis le commencement de sa maladie : tous les soins dont il avait été entouré, la présence de sa mère auprès de lui, les visites de son confesseur, et enfin la communion qu'il venait de recevoir.

Quand le Père fut parti, Paul continua à causer avec son oncle, M. Ferdinand Boyer.

« Mon oncle, est-ce que je suis bien malade, pour que vous preniez tant de précautions ? »

Son oncle le tranquillisa, sans cependant le laisser dans une sécurité dangereuse.

« Quand on est malade depuis vingt-quatre jours, lui dit-il, il faut se mettre en règle avec le Bon Dieu ; on ne sait pas ce qui peut arriver. Aussi bien, est-ce que tu ne ferais pas le sacrifice de ta vie, si le Bon Dieu te la demandait ? — Oh ! si, mon oncle ; je demande au Bon Dieu de me faire souffrir encore plus ; jamais je ne souffrirai autant qu'il a souffert sur la croix. »

Telles sont les admirables dispositions qu'il a manifestées à plusieurs reprises. Il repassait dans sa mémoire les paroles de la liturgie qu'il venait d'entendre ; et en récitait des phrases à son oncle en disant: « Comme les prières de l'Eglise sont belles ! »

Fortifié par les sacrements, il passa ainsi la nuit du vendredi et la journée du samedi dans un grand calme, mais ses forces allaient toujours diminuant ; hier, il n'avait plus sa connaissance ; il s'est éteint ce matin dans la paix du Seigneur, laissant au milieu de nous un parfum d'édification qui adoucit un peu l'amertume d'une séparation que rien ne pouvait faire prévoir.

Les sentiments de foi de Madame Flandin sont admirables ; elle entend l'amour maternel comme Blanche de

Castille : « J'ai tant demandé à Dieu de me le prendre s'il devait se perdre ! » dit-elle.

Voilà quelques détails, bien incomplets mon. Père, mais bien consolants pour nous.

Dites à Pierre, que samedi, son frère m'a demandé de ses nouvelles : « Comment va mon Pierre, m'a-t-il dit, sous prétexte que la lecture me fatigue, on ne me donne plus ses lettres et je ne sais ce qu'il devient. »

Embrassez pour moi ce cher enfant, et dites lui toute la part que je prends à sa douleur.

Croyez, mon Père, à mon affection fraternelle en N.-S.

Paris, le 5 juillet 1875.

GERMER,
des Augustins de l'Assomption.

Paris, le 9 juillet 1875.

Mon Révérend Père,

Ce fut vers le commencement du mois de juin que Paul tomba malade. Il était revenu de Nîmes, lors des vacances de Pâques, vivement impressionné ; il regrettait plus que jamais la vie de famille dans laquelle il venait de se retremper pendant quelques jours et il n'aspirait plus qu'à quitter Paris le plus promptement possible, après avoir subi ses examens de fin d'année. Hélas ! Dieu qui tient dans ses mains le sort de tous ses enfants, avait décidé que cette consolation ne lui serait pas accordée, et c'était devant un tribunal autrement redoutable que celui de la Faculté de droit que Paul devait comparaître pour être interrogé, non plus sur l'interprétation des lois humaines, mais sur l'observation des lois divines !

Les symptômes les plus effrayants se manifestèrent, dès le début de la maladie. Paul était alité depuis quelques jours à peine, que déjà le docteur Ménard, avec ce coup d'œil médical qu'il possède à un si haut degré, prévoyait que la crise serait terrible et pourrait bien être mortelle ; aussi, afin de lui prodiguer des soins plus assidus, n'hésita-t-il pas à lui faire quitter l'hôtel qu'il habitait et à lui céder sa propre chambre.

Dès lors, nous nous établîmes à son chevet, et nous pûmes , en nous relevant tour à tour , ne plus le quitter un seul instant. Nous fûmes d'ailleurs bientôt secondés dans cette douloureuse tâche par sa pauvre mère, qu'une dépêche avait appelée à Paris. La présence de Madame Flandin calma pour un instant le violent délire qui s'était emparé de son fils, et c'est alors que nous assistâmes à la transformation de l'âme, déjà si belle, de notre cher Paul.

Pendant sa maladie, les doutes qu'il avait pu concevoir, s'évanouirent ; la vérité lui apparut pleine et entière ; le jeune homme agonisant, près de paraître devant Dieu, comprit bien que la liberté n'était qu'une vaine chimère !

« Combien je suis heureux, me disait-il ; le jour s'est fait dans mon intelligence, et les questions qui m'embarrassaient autrefois ne laissent plus dans mon esprit l'ombre d'un doute. » Et comme je souriais en l'entendant me parler ainsi : « Tu souris, me dit-il, en me fixant avec ses yeux animés par la fièvre, je comprends tes hésitations, je les ai eues comme toi ; mais va, les principes profondément chrétiens que nous avons reçus tous deux à l'Assomption se réveilleront tôt ou tard ; ton tour viendra, comme le mien est venu. » C'est ainsi qu'il associait dans son esprit l'amour de l'Eglise et l'amour de l'Assomption, semblable à ces soldats qui, tombant sur le champ de bataille, crient : vive la France, en cherchant des yeux le drapeau de leur régiment.

Le lendemain, il me demanda la Bible. Le docteur avait défendu de le laisser lire, je lui offris donc de faire moi-même la lecture du passage qu'il désirerait. Il m'indiqua un passage où il est fait allusion à l'amour de Jésus-Christ pour son Eglise et pour les âmes.

Il répétait le texte sacré avec complaisance : Son émotion grandissait, ses yeux s'animaient ; craignant une crise nouvelle, j'interrompis ma lecture, lui promettant de la reprendre, s'il restait calme et silencieux. Il ferma les yeux doucement et resta pendant près d'une heure dans le plus profond repos.

La maladie faisait cependant de grands progrès, la crise approchait de sa fin ; déjà le médecin l'avait condamné, et avait déclaré qu'il n'y avait plus d'espoir. Le moment était venu de songer d'une manière sérieuse à l'âme de Paul et de la préparer à comparaître devant l'Auteur de toute justice et de toute sainteté !

Paul s'était déjà confessé depuis le commencement

de sa maladie ; c'était la veille de la Consécration de l'église du Sacré-Cœur qu'il avait demandé à le faire, voulant, disait-il, s'unir à la France catholique dans cette belle manifestation de foi. L'abbé Ferrand de Missols, son confesseur, prêtre aux cheveux blancs, dont la parole persuasive va droit au cœur et dont le sourire plein de bonté vous charme et vous séduit, prévenu par M. Boyer, vint en toute hâte et reçut sa dernière confession. Puis, comme c'était le jour de la Visitation de la Sainte Vierge, il lui proposa de lui apporter le Saint Viatique. Paul accepta avec reconnaissance, et le soir même, le P. François, après lui avoir donné l'extrême-onction, le fit communier.

O vous, qui éloignez le prêtre de votre couche funèbre, vous n'avez jamais assisté aux derniers instants d'un jeune homme chrétien, vous n'avez jamais recueilli d'une bouche de vingt ans le dernier adieu, vous n'avez jamais vu le Dieu de toute bonté et de toute miséricorde se pencher avec amour sur son enfant et s'unir à lui dans une dernière communion.

En voyant entrer le Christ dans sa chambre, Paul avait voulu se lever, afin, disait-il, de recevoir son Dieu d'une façon plus digne et plus convenable. Sur l'observation du Père François et de la sœur qui était auprès de lui, il joignit les mains sur la poitrine et baissa les yeux avec respect. Puis il suivit, autant qu'il le pût, les paroles que prononçait le prêtre. C'était le moins ému de nous tous, il était profondément calme, et rien, si ce n'est son recueillement, ne témoignait que la cérémonie fût pour lui. O mon Dieu, que vous dit-il lorsque vous descendîtes dans son âme ? quelle fut sa dernière prière ? Il vous avait demandé, durant sa maladie, *de souffrir pour les péchés du monde ;* Vous pria-t-il d'agréer sa demande ? Ses vœux furent-ils pour sa patrie qu'il aimait tant et pour laquelle il avait rêvé de répandre son sang avant que la mort ne vint lui ravir son père ? Ou bien sa pensée se porta-t-elle sur sa pauvre mère qui pleurait au chevet de son lit et dont les angoisses étaient si grandes ! Vous seul le savez, ô mon Dieu ! car nous n'avons été que les témoins émus de ce colloque mystérieux qu'il eut avec vous, lorsque vous daignâtes le visiter pour la dernière fois.

Après la communion, nous le laissâmes seul avec le P. François, et c'est alors que son âme s'exhala en actions de grâces. *Que le bon Dieu m'a aimé,* disait-il, *et combien il s'est montré bon pour moi. Cette communion que je viens de faire est la plus grande de toutes ses grâces !* et il répétait : *Que Dieu a été bon pour moi !* Le lendemain, l'agonie commença, elle devait durer plus de quarante-huit heures, tellement la vie avait jeté de profondes racines dans ce corps usé par la maladie. Elle fut calme et sereine.

Sa mère lui mit un crucifix dans la main, et il le garda jusqu'au moment de la mort, le portant parfois à ses lèvres. Le dimanche soir, le P. François revint le voir et récita près de lui les prières des agonisants. Paul avait perdu connaissance ; il répéta cependant à plusieurs reprises les noms de Jésus et de Marie et embrassa tendrement sa mère, lui serrant la main avec force.

A partir de ce moment, tout fut fini ; il ne nous resta

plus qu'à attendre que son âme quittant le corps s'en volât vers Dieu. Le lundi, vers une heure du soir, nous commençâmes à réciter le chapelet, et, au moment même où nous terminions le dernier *Gloria Patri*, Paul rendait le dernier soupir, de sorte que sans nous interrompre, nous pûmes réciter sur le champ le *De Profundis*.

Sa mère lui ferma pieusement les yeux, demandant au Seigneur de le juger avec miséricorde ; on ne pouvait plus en effet demander désormais autre chose pour lui.

Ami bien-aimé, dont j'ai recueilli le dernier soupir, n'abandonne pas ceux que tu as laissés sur la terre, que ta mort plonge dans le deuil et parmi lesquels ton absence fait un si grand vide. Que ta pensée les soutienne, que ton souvenir les encourage, que ton exemple les fortifie! Sois avec eux, veille sur eux afin qu'ils apparaissent devant l'Eternel les mains pleines d'œuvres et qu'ils soient pour toujours réunis à toi !

G. B.,
étudiant en droit,
ancien élève de l'Assomption.

PROJETS POUR L'ANNÉE 1875-76.

Sous ce titre, à la suite d'une indication des bons de pain que Paul portait à ses pauvres de la Conférence de Saint-Vincent de Paul dont il faisait partie, on a trouvé, quelques jours après sa mort, et dans un carnet qui contient ses notes intimes, les lignes admirables qu'on va lire :

« L'Eglise, j'en ai l'assurance, permet le libre développement de l'esprit, pourvu qu'on soit toujours prêt à s'incliner devant ses dispositions dogmatiques et morales... Je n'ai donc plus d'excuses à mon impardonnable paresse.

» Il est de mon devoir de développer mon esprit.

» C'est un devoir envers moi-même, envers la société à laquelle j'appartiens, envers l'Eglise que je serai plus à même de défendre par mon travail.

» Mais mon inconstance est grande. Il faut un but à mon travail, but que je chercherai à atteindre, lors même que sa con-

quête n'aurait pour moi aucun avantage présent. Un examen, celui du Conseil d'Etat, par exemple, me ferait prendre un programme dont les connaissances me seront toujours utiles.

» Je prends donc cette résolution de travailler; je prends aussi celle de devenir plus religieux que je ne le suis, de demander des conseils sur tous les points où m'attaquent les scrupules qui m'amèneraient à l'oisiveté et à tous les vices qui en découlent.

» Je prends cet engagement devant vous, ô mon Dieu, vous priant de m'accorder vos lumières, afin d'en user pour votre gloire, vous priant, vous suppliant de me les retirer, de me faire mourir, si je devais en abuser pour vous offenser. Veuillez, ô mon Dieu, accepter mes résolutions et veiller à ce que je les garde fidèlement. »

« 27 mai, — jour de la Fête-Dieu, 1875. »